喜壽 기념 작품집
posco 명예의전당 헌액 2주년 기념집

귀 향

詩香 박우영 제7집(시 · 시조)

다솜출판사

喜壽 기념 작품집
posco 명예의전당 헌액 2주년 기념집

귀 향

詩香 박우영 제7집(시 · 시조)

다솜출판사

일곱 번째 시집『귀향』을 내며

희수(稀壽)가 지난지 어젠가 했는데 벌써 희수(喜壽)가 돌아오고 일곱 번째 시집을 내게 되어 감개가 무량하다.

황혼이면 동물은 보금자리 찾아가고
황혼이면 새들도 둥지를 찾아들고

사람 또한 동물이니 마찬가지 아닌가
황혼이면 사람도 고향을 찾아간다
나도 사람이니 나 또한 그러하다

언제나 고향을 찾아가는 꿈을 꾸어오던
꿈의 고향 아름다운 고향길에 오른다
소원하던 꿈이 이루어지는 순간이로다.

자연에 태어나서
자연에서 놀다가

자연으로 귀화하는
자연의 이치는

자연의 변함없는
자연의 순리이리라.

향기 가득 피어나는 아름다운 내 고향
이제는 나도야 꿈속 고향 찾아가네
가지런한 토담 아래 치자꽃 향기 가득

신발꿈치 헤어지게 뛰어놀던 앞마당
엉덩이 닳고 닳게 비벼대든 대청마루
손때가 묻고 묻어 닳아빠진 문손잡이

엄마의 정성이 넘쳐나는 부엌 선반
누나의 손길이 가득 담긴 장독대
모두가 정이 가득 안 빼인 곳 없도다.

아름다운 꿈의 꽃길 영글어 가던 곳
내 고향 고향집 지나간 추억들이
물안개 되어 모락모락 피어오른다.

한평생 업적이 있다고 한다면 두 딸아이를 모두 박사로 키워 박사 집안이 되었고, 나 또한 posco 명예의 전당에 헌액 되는 영광을 안았으며, 시인이 되는 게 꿈이었는데 그 꿈을 실현하여 시인이 되어 시 · 시조집을 제8집(공저 『칠천』 포함) 총 845편(1032p)을 창작 발표하게 되었으니 더 이상 바랄 게 있겠는가.

귀향해서 하나 더 꿈이 있다 한다면
그리던 내 고향 아름다운 고향땅에 반백 평 아담한 집을 하나 지어서 이름하여 그 이름 "詩香 박우영 문학관" 전시관을 꾸며놓고 나의 詩集 옹기종기 나열해 전시하여 詩香의 香氣를 피우고 싶다.

욕심 많게 하나 더 꿈이 있다 한다면 "박우영 문학상" 을 제정, 시행하여 후진들 육성에 도움 줄까 하누나.

2022년 喜壽 아침

詩香　박 우 영

1부 해운대 · 동백섬

2부 눈바라기

3부 상사화

4부 나이를 인식하다

5부 귀향

1부 해운대 · 동백섬

1. 아침 햇살
2. 달과 별
3. 장맛비
4. 멍든 가슴
5. 겨울 강바람
6. 시인은
7. 오행시
8. 청산에 오르니
9. 상생의 손
10. 호미곶 등대
11. 이승
12. 저승
13. 이승과 저승

아침 햇살

고요를
깨뜨리고
멀리서 들려오는

장닭의
울음소리
아침을 깨우니

영롱한
아침 찬이슬
풀잎위에 빛난다

달과 별

구름아 흘러라 바람 따라 흘러라
구름에 먹힌 달이 흐릿하게 비치니
별들은 반짝거리며 유난히도 빛나네

바람이 흘러가니 구름도 달려가고
구름을 스쳐가는 하얀 달이 조용하니
빛나는 수많은 별들 요란스레 내리네

바람이 사라지고 구름도 흩날리니
달빛이 유난히 내 가슴을 밝혀주고
별빛은 찬란스럽게 내 마음을 감싸네

장맛비

어제 내린
소낙비가
오늘도 내린다

요란스레
내린다
아침까지 내린다

내일도
계속 내려서
장맛비가 되련가

멍든 가슴

철석이는 물결에 휩쓸리면
소라의 전설이 메아리친다

파도 소리 출렁이며
들려오는 바닷가에
소라는 전설의 울음을
가냘프게 토해낸다

푸른 파도는 바위에 부딪혀
하얗게 부서져 포말이 된다

잔잔한 나의 가슴 멍든 파도 되어서
안개처럼 수면에서 피어올라
푸른 하늘 높이높이 솟아오른다

겨울 강바람

낙동강 강바람이
싸늘하게 날아와
검은 갈대 하얀 억새
마음껏 울려놓고
물까지 얼음덩이로
얼려놓고 가버리네

강바람 쓸고 간 곳
차디찬 얼음벌판
파랗게 흐느끼며
하얀 눈물 흘리며
갈대와 억새풀들은
가슴 깊이 흐느끼네

시인은

시인은
논에서
모를 심는 농부요

시인은
바다에서
그물치는 어부요

시인은
감성을 짜는
화가라고 하더라

오행시

시: 시인이 탄생하여
향: 향기 가득 넘쳐 오네

박: 박수 치며 환호하자
우: 우리나라 금수강산
영: 영광 가득 넘치도록~

청산에 오르니

그리고 그립던 옛 동산에 올라서
솔뿌리 베개 삼고 솔잎을 지붕 삼아
낙락장송 품에 안겨 옛 향기 그리노니

시원한 골바람 얼굴을 스쳐오고
계곡에는 맑은 물 졸졸졸 흘러가니
이내 마음 후련하고 행복에 겨운다

초가집 토담 굴뚝 하얀 연기 피어나고
들판에는 청보리 물결이 일렁이니
평화 가득 넘친다 청산에 오르니

상생의 손

호미곶 해맞이 광장에서
끝이 없는 수평선을 바라다본다

상생의 손이 손짓함이
화합하고 더불어 사는 사회를 이루도록
바다에는 오른손이
육지에는 왼손이 흔들고 있다

푸른 파도 잔물결 춤추는 수평선 위로
흐린 구름 황색으로 붉게 물들며
황금빛 태양이 장엄하게 솟아올라
상생의 손바닥 위로 비쳐 오른다

다 같이 사랑하고
다 같이 화해하고
다 같이 화합하여

우리나라 대한민국
전 국민이 화합하여
살기 좋고 행복한 부국을 만들라 하네

세계의 인류가 화합하고 사랑하여
평화로운 지구촌을 만들어
자유롭고 행복하게 살아가라 하네

호미곶 등대

오고 가는 뱃사람 눈이 되고 발이 되어
해상의 선로를 안내하는 호미곶 등대
우리나라 最大의 근대식 등대란다
겉모습은 8각형 내부는 6층이더라

등대의 높이가 이십육 점 사 미터로
우리나라 最高로서 밑둘레 이십사 미터
윗부분이 십칠 미터 전국의 최대 규모
우리나라 最古의 근대식 건축이더라

16마일 해상 밖까지 등불이 보이고
2마일 해상 밖까지 들리는 안개 신호기
지금은 포스코에 드나드는 선박의
길잡이가 되어서 찬란하게 비치더라

이승

이승 저승
어느 승이
좋으냐고 묻지 말고

저승 이승
어느 승이
나쁘냐고 묻지 마라

똥밭에
뒹굴게 해도
이승이 좋더란다

저승

이승 올 때
울었으니
저승 갈 때 울지 마라

이승 와서
웃었으니
저승 가서 더 웃어라

이승에
왔다가 가니
한평생이 지나가네

이승과 저승

이승에서 못다 한 일 저승 가면 다 하는가
저승 갈 때 지고 가나? 이승에서 나눠 갖지
이승서 보시를 하면 저승 갈 때 가볍네

저승 가면 몰라보니 이승에서 만나보고
즐겁고 기쁜 일은 함께 나눠 즐기며
힘들고 어려운 일은 함께 지고 가세나

이승에서 꽃길은 저승 가면 가시밭길
꽃가마 타고 간들 마음이 편할소냐
저승에 떠나기 전에 이승에서 한잔 하세

바다 풍경

눈에 보여요
밀려오는 바다의 물결이
정말로 아름답게 보이네요

귀에 들려요
철석이는 파도 소리가
정말로 황홀하게 들려오네요

코에 스며 드네요
바닷가 해조 내음이
정말로 구수하게 스며 오네요

입이 호강하네요
싱싱한 회 맛이
정말로 맛나는 천하일미네요

갈매기

갈매기 너울너울 춤추는 바다
울렁이는 파도 따라 잘도 놀구나
수직으로 풍덩하고 고기 잡는 몸짓에
오늘도 하루 해가 저물어 간다

끼룩끼룩 얘들아 그만 놀고 가자꾸나
해가 산등성이 넘어가기 전에
어둠이 둥지를 찾아오기 전에
어서 빨리 돌아가자 우리의 쉼터로

석양이 넘어가는 황색 물결에
황금빛 물길을 헤치며
갈매기 가족은 높이 더 높이
하늘 높이 올라서 둥지 찾아 날아가네

등댓불

오고 가는 뱃사람의
눈이 되고 발이 되어
뱃길을 안내하는 등댓불

드나드는 선박의 길잡이가 되어
깜박깜박 깜박이며
뱃고동을 유인하네

비가 오나
눈이 오나
태풍이 불어오나

묵묵히 혼자서 해변을 지키고
오늘도 뜬눈으로 깜박이며
뱃길을 비추고 있네

바닷가에서[작사 29]

[1]
석양이 아름다운 동백섬 바닷가
파도 소리 철석이는 바위에 기대어
그대는 노래하고 나는 노래 들으니
갈매기도 즐거워 춤을 추고 했는데
그리운 추억만 남기고 떠나간 님아
지금은 아름다운 추억의 꿈길이야
은은히 들려오는 소라고동 소리에
그리운 추억을 새겨본다 바닷가에서

[2]
언제나 언제라도 잊지 못할 그대 모습
그대를 잊지 못해 정녕 잊지 못하네
바람에 휘날리는 그대 머리 손질하는
어여쁜 그대 모습 어디에서 찾아볼까
그대 노래 님의 사랑 찾을 길 없으니
알고 싶은 사연도 들을 길 없어라
은은히 들려오는 소라고동 소리에
그리운 추억을 새겨본다 바닷가에서

해운대 · 동백섬

토요일 방과 후엔 어김없이 찾는 곳

책가방 보물단지 옆구리에 끼고서
차장의 “오라이” 소리로 부르릉 하고
출발하는 버스에서 앞을 보며 외친다

“어이 차비 냈나?” 들리는 소리는 “안 냈다”
“그럼 너거 차비는 너거가 내라.”
왁자지껄 웃음바다 어느새 해운대다

해운대 백사장 옹기종기 모여 앉아
수평선을 바라보며 청운의 꿈을 꾸고
모래알 손에 잡아 바닥에 그린다

망개떡 어깨 메고 망개떡 사아려어~
망개떡장수 아저씨의 소리가 들리면
한 묶음 사서는 하나씩 맛보던 시절

동백섬 항상 찾는 병풍쳐진 갯바위
오늘은 누구가 선점 했나 살펴보아
없으면 다행이고 있으면 동석했지

반세기가 지난 오늘 동백섬 둘레길에
수평선 바라보다 갯바위를 찾으니
우리의 갯바위를 인어상이 지키구나.

파도를 헤치고

검은 물결 울렁이는 파도를 타고
하얀 물결 가르며 달려나가자
수평선 저 넘어 희망봉 찾아
우리의 유람선은 헤쳐나간다

가물가물 멀어지는 산야의 풍경
아름다움 멀리하며 사라져 가고
하얀 갈매기떼 머리 위에 맴돌며
뱃전을 왔다 갔다 지저귀는도다

시간이 흘러 흘러 노을이 물들어
검푸른 바다는 붉게 물들어 가고
파도를 헤치며 달려서 가자꾸나
우리의 낭만은 이제부터이다

호미곶 일출

경상북도 영일만 장기 반도 호미곶
한반도에서 제일 먼저 해가 뜨는 곳
우리나라 일출의 관광명소 호미곶

호미곶 등대는 밝은 불빛 비추고
해맞이 광장은 상생의 손을 들어
대양을 향하여 돌아오라 손짓한다

연오랑과 세오녀 아름다운 부부상
바닷가 파도 소리 귓전에 찰랑이는
호미곶 미풍이 얼굴을 쓰다듬네

독도 영혼

백두대간 뼈를 받고 한반도 살을 붙여
동해의 기운 받아 떠오르는 태양 되어
삼천리 금수강산 아름답게 비추네

배달민족 한반도의 막내아들 독도에
여명 따라 찬란한 햇살이 퍼지면
눈부신 태양은 어둠을 걷어내고
동해는 어느덧 푸르게 넘실댄다

햇빛 받은 바다는 은물결 반짝이고
파도는 바위에서 포말을 토하지만
동도 서도 사이에는 쪽빛이 흐르구나
쌍둥이로 태어난 돌섬이라 평화롭다

독도여 영원하라

대한의 태극기를 대한봉에 꽂아두고
우산봉을 거쳐서 동해로 뻗어가서
독도의 등대 불빛 세계로 뻗어가자
대한 반도 발판인 사랑하는 독도여

돌로 된 외로운 섬 동도 서도 양섬에
무궁화 꽃 활짝 피워 자유와 평화를
지구촌 만방에 널리 널리 고하라

사랑하는 독도여
영원하라 독도여
독도여 영원하라

三題 3 (衣食住)

(衣)
빈손으로 태어나서
옷 한 벌이면 장땡이고

(食)
입에 거미줄 안치니
삶의 보람이요

(住)
편히 쉴 수 있으니
살아가는 행복일세

낙엽 무상

봄에도 낙엽은
떨어져 날리고
여름에도 낙엽은
떨어져 춤추지만
겨울에 눈물 흘리는
낙엽들이 있더라

사시사철 떨어지는
낙엽이라 하는데
가을에 떨어져
휘날리는 낙엽만이
이다지 속을 태우며
애간장을 녹이나?

연오랑 · 세오녀

바닷가 오막살이 연오랑과 세오녀
연오랑은 해조 따고
세오녀는 바느질로
부부가 오손도손 행복하게 살았다네

어느 날 연오랑이
해조 따는 바위가
바다 위를 달려가 닿은 곳은 왜구 땅
왜인들은 깜짝 놀라 왕으로 모셨도다

돌아오지 아니하는
남편 찾아 나선 세오녀
바위 위에 연오랑 신발이 놓여있어
바위에 올랐더니 바위가 움직였네

세오녀가 닿은 곳은
연오랑이 있는 곳
세오녀는 여기서 귀비가 되었는데
신라에선 해와 달이 밝은 빛을 잃었도다

세오녀가 짠 비단을
사신에게 주었고
신라 왕이 하늘에 제사를 올렸더니
신라에선 해와 달이 빛을 찾게 되었더라

돌부처가 되련다

크고도 무거운 인생 봇짐 짊어지고
굽이굽이 돌아서 앞만 보고 왔는데

물 맑고 경치 좋아 잠시 쉬어 가려고
눈 들어 바라보니 풍광이 지상낙원

꽃이 피어 향기 짙고 새들이 노래하니
벌 나비 춤을 추며 쌍쌍이 날아드네

평화로운 이곳은 신선들이 노니는
세상에서 볼 수 없는 파라다이스

험하고도 어려운 한 많은 인생길
가던 길 멈추고 잠시 앉아 쉬다 가세

지상낙원 이곳에서 숨 한번 크게 쉬며
아름다운 이곳에서 술 한잔 기울이고

지나온 한평생 행복했다 되뇌며
시 한 수 읊으면서 춤사위 벌여보세

즐겁고 흥겹게 재미있게 놀았으니
이제는 여기에서 돌부처가 되련다

2부 눈 바라기

1. 봄의 소리
2. 봄 내음
3. 노란별 개나리
4. 삼월의 마지막 밤
5. 사월의 詩界
6. 사월의 마지막 밤
7. 오월의 술잔
8. 입하
9. 현충일
10. 시작詩作
11. 외로운 눈물
12. 청송
13. 아침 홍시

14. 곶감

15. 풍년가

16. 가을 들판

17. 시월의 마지막 밤

18. 흐르는 세월

19. 깊어가는 가을

20. 백로

21. 크리스마스

22. 봄비 같은 겨울비

23. 눈 바라기

24. 고드름

25. 첫눈

26. 겨울의 막내

봄의 소리

들녘에서
들려오는
새싹의 웃음소리

삭풍은
아직도
발끝에 머무는데

연록의
힘찬 새싹들
풍요로운 봄의 소리

봄 내음

요란하게 들려오네 봄이 오는 소리가
얼음장 아래로 흐르는 시냇물 소리가
아름답게 보이네 봄이 피는 모습이

벌 나비 찾아드는 봄꽃의 춤사위가
향기롭게 다가오네 봄이 익는 내음이
하늘 아래 샛노란 유채꽃향기가

입맛을 북돋우는 봄이 주는 선물이여
싱그러운 봄의 선물 향긋한 봄 내음
봄나물 달래 냉이 도다리 쑥국이여!

노란별 개나리

꼬불꼬불
돌담길
양지바른 토담 아래

춘풍이
지난 자리
생명이 움트더니

노랗게
피어 오르는
노란 별꽃 개나리

삼월의 마지막 밤

하얀 벚꽃 뿌려놓고
은하수가 잠든 밤

반짝이던 별빛마저
숨바꼭질하고
달빛마저 숨어버린
삼월의 마지막 밤

삼월이를 보내고
사월이를 맞으려는

시원섭섭 가슴에
한 아름 詩를 안고
꽃의 향기 맡으며
푸른 나래 펼친다

사월의 詩界

사월이를 맞이하는
반가운 마음속에

행복을 느끼며
한 아름 詩를 안고
꽃의 향기 맡으며
푸른 나래 펼친다

아름다운 꽃들과
벌 나비 이별하면
청록의 능수버들
하늘하늘 몸짓하며

나를 불러들인다
향기로운 詩界로

사월의 마지막 밤

이팝나무 하얀 꽃을
하늘에 띄워 놓고
은하수가 고이 잠든
고요가 스며드는 거룩한밤

반짝이던 별들이
숨바꼭질하는데
달빛마저 숨어버린
사월의 마지막 고요한 밤

사월을 보내야 하는
아쉬운 마음을 달래며
오월의 아카시아 향기를
동경하는 기다림이 가득하다

오월의 술잔

사월을 보내려니
서운하기 그지없고
정들었던 꽃향기
섭섭하기 한이 없어
마루에 홀로 앉아서
시름겨워 하노라

오월의 청록 짙은
능수버들 벗하며
아카시아 향기 따서
잔속에 띄우노니
달 담은 예쁜 술잔에
향기 가득하노라

입하

뜨거운
햇살이
머리 위에 따끈따끈

무더운
열풍이
양볼에서 후끈대는

여름의
후덥지근한
한여름의 날씨네

현충일

[1]
호국 보훈의 달 현충일을 맞이하여
옷깃을 여미고 경건한 마음으로
국립 대전 국립묘지를 참배한다

홍살문을 조심스레 들어서니
무궁화 활짝 핀 무궁화 동산이
웃음 짓고 분수탑을 에워싸네

웅장한 현충탑은 순국의 정신이요
목숨 바쳐 헌신하신 정신을 기리며
무릎 꿇고 고개 숙여 경건히 참배한다

[2]
푸른 하늘 하얀 구름 덧없이 흐르고
푸르름이 산야를 포근하게 덮어주는
호국의 햇살이 찬란하게 비추노니

매봉산 발아래 갑천을 바라보며
활짝 핀 무궁화 태극기 휘날리며
보국의 님들이여 편하게 잠드소서

아름다운 우리 강산 금수강산 대한민국
오늘의 우리 조국 자랑스런 대한민국
순국선열 애국정신 높고 깊게 받드세

시작詩作

숨죽이고
살라 하네
코로나19가

입을 막고
코도 막고
귀까지 닫으라니

답답한
마음 달래며
詩作이나 할련다

외로운 눈물

주룩주룩
빗소리가
그리움 되어 내리고

함박눈
눈송이가
외로움 되어 쌓이니

그리움,
외로움들은
눈물 되어 흐른다

청송

심심산골
푸른 솔아
푸르다고 자랑 마라

엄동설한
차디찬
백설이 몰아치면

청송은
어디로 가고
백송만이 남노라

아침 홍시

식탁에
올라온
빨간 홍시 두 개

조식으로
차려진
간단한 아침 식단

후식엔
향기 가득한
詩의 香氣 마신다

곶감

맑은 공기
마시고
서늘한 바람맞아

꼬들꼬들
익어간
분홍색 반시

향기에
취해버리고
입속마저 감미롭다

풍년가

푸른 파도
일렁이는
청보리 춤추고

다랭이 논
천수답
누렇게 익어갈제

농부들
즐거운 마음
풍년가를 부른다

가을 들판

누렇게
익어가는
가을 들판에

재잘재잘
참새떼
노래하며 춤추니

망보는
허수아비는
허허하고 춤춘다

시월의 마지막 밤

오늘은 시월의 마지막 밤
색동옷 가을 산 저물어 가고
노랑나비 은행잎 빛바래진다

아름답게 곱게 익은 석양 너머로
시원한 강바람 거세어져서
흰머리 억새를 날려 버린다

황금빛 찬란한 젊음을 뒤로하고
석양 아래 고개 숙인 억새꽃 위로
달빛을 밀어낸 별빛만 차갑다

오늘 시월의 마지막 밤이 지나면
아름답던 산야는 안개처럼 흐려져
포근하고 하얀 계절을 재촉하겠지

흐르는 세월

[1]
빼꾸기 울음소리 사라지나 했더니
부엉이 울음소리 더욱 요란하더이다
아침에 햇살이 퍼지는가 했더니
어느새 별빛이 초롱초롱 하더이다

신년 정월에 달이 뜨는가 했더니
벌써 섣달에 그믐달이 어스름하더이다
봄꽃이 아름답게 피는가 했더니
꽃향기 퍼지는데 함박눈이 쌓이더이다

신년에 해맞이를 하고서 돌아서는데
연말 그믐에 해넘이를 보게 되더이다
한 해를 시작했는가 했더니
벌써 몇 년의 해가 지나갔더이다

[2]
십 년이 지나고 또 이십 년이 지나더니
한 세대가 지나가고
한 세대가 지나가고 몇 십 년이 흐르더니
벌써 희끗한 반백이 흘러가고 있더이다

반백이 지나고 사반세기 흐르더니
칠 학년 칠 반에 전학 와 있더이다
칠칠 학반에 그대로 머무를까 했는데
한 세기의 고갯마루 눈앞에 서 있더이다

당길 수도 밀 수도 잡을 수도 없고
그저 바라만 보아야 하는 것이
이렇게 빠르게 달려가는 것을
덧없이 흘러가는 세월이라 하더이다.

깊어가는 가을

코스모스 들판에 고추잠자리 맴돌고
누렇게 익은 들판에 메뚜기 나래 치니
아~ 가을은 정녕 익어만 가는구나

푸른 산 맑은 물이 색동옷 갈아입고
무지개 찬란하게 뒷동산 익어가니
아~ 가을은 정녕 깊어만 가는구나

싸늘한 달빛에 북향하는 기러기떼
귀뚜라미 장단 맞춰 끼룩끼룩 요란하니
아~ 가을은 정녕 무러 익어 가는구나

백로

햇살 퍼진
아침 이슬
영롱하게 빛나고

물안개
모락모락
강물에 피어나니

백로는
천사와 같이
창공 타고 나르네

크리스마스

시끌벅적 성탄절 조용하게 찾아와
주고받던 크리스마스카드도 하나 없이
서운하게 비켜가는 올해의 크리스마스

요란했던 크리스마스 캐럴도 벙어리요
찬란했던 크리스마스트리도 장님이요
맛있는 크리스마스 케이크도 사라졌네

크리스마스 파티를 어디서 열겠는가
집안에 갇힌 채 성탄 송이나 부르며
조용히 조용하게 성탄절을 보내라네

교회의 지붕 위 빨간 십자가만이
하늘 멀리 반짝이는 북극성 바라보며
흐릿한 불빛을 가냘프게 토하구나

봄비 같은 겨울비

북풍이 몰아치는
엄동설한 계절에
하얀 눈 덮여있는
산등성이 아래로
안개가 자욱 하더니
겨울비가 내리네

하염없이 내리니
마음마저 풍요롭고
잔설마저 녹이는
포근한 겨울비
봄비와 같은 겨울비
하염없이 오네요

눈 바라기

포근한
봄비 같은
겨울비가 오네요

이밥 같은
하얀 꽃
싸락눈이 아니라

펑펑펑
하얀 송이를
기다려 볼래요

고드름

소복소복
흰 눈 쌓인
초가지붕 처마 끝에

대롱대롱
매달린
반짝이는 고드름

햇살에
무지개 되어
영롱한 고드름

첫눈

하늘에서 첫눈이 나비처럼 춤춘다
천지가 흰 눈으로 포근하게 덮이니
퐁이*도 좋아라 춤을 추며 달려온다

평화로운 설경이 파릇하게 눈부시다
설경에 취하여 이리 뛰고 저리 뛰고
퐁이*도 질세라 꼬리치며 뛰어논다

흰 눈을 굴리고 뭉쳐서 눈사람으로
솔 가지로 눈과 코 입술을 만들고
쌩긋 웃는 눈사람 빨간 모자 씌워주자

퐁이*: 반려견(지금은 별이된 퐁이)

겨울의 막내

겨울을 보내는 막내아들 이월은
노랗게 물드는 산수유를 뒤로하고

미련이 남는지 연신 뒤를 돌아보며
하얀 목련에게 손 흔들며 이별하네

그렇게도 싸늘한 삭풍을 날렸는데
홍매화 가지에 꽃 몽우리 맺히고

꽃향기 마시려는 벌 나비 찾아드는
춘삼이가 돌아오니 보내련다 이월을

섭섭하다 쳐다보는 마지막 모습이나
미련 없이 보내련다 시원히 보내련다

3부 상사화

14. 三題 2 (사랑)

15. 님 오시는 길

16. 금두꺼비 1

17. 등나무 꽃藤木花

18. 사람 마음 알 수 없네

19. 우주속에 별 넷

20. 상사화

21. 그때 그 소녀

22. 쌍초롱

23. 금두꺼비 2

24. 여주

25. 세월

26. 불사조가 되고 싶다

보름 달빛

찬바람 지나가는
앙상한 가지 위에
휘영청 밝은 달이
웃음 짓고 내려보니
가슴에 미소를 품고
두 손 모아 기도한다

초가집 툇마루에
웅크리고홀로 앉아
달빛 아래 별을 세고
내 마음도 헤어본다
포근히 내려 비추는
풍성해진 보름 달빛

옛정

산은 하나같이 옛 산이 아니거늘
강도 아름다운 옛 강이 아니로다
강산은 갈기갈기 찢어졌네 옛정이

파도도 하나같이 옛 파도가 아니어라
철석이며 노래하던 낭만의 파도가
울부짖고 있음은 멍든 포말 때문이야

갈매기 끼룩끼룩 날갯짓 멈춘 것은
먹이 찾아 헤매던 그리움이 아니라
님이 떠난 빈 가슴 그립다네 옛정이

첫사랑 연정

첫사랑
보내고
허전한 맘 달래려고

마루에
걸터앉아
둥근 달을 쳐다보니

치솟는
연정 때문에
이 가슴이 터지더라.

영혼

먼 산은 어깨동무하여 살며시 다가오고
산마루 고갯마루엔 운무가 흐르는
평화로운 자연에 나도 몰래 취한다

저 멀리 동구 밖 아지랑이 아롱아롱
뒷동산 산새 울음 가냘프게 들려오니
철이른 매미가 귀전을 때리는구나

세월은 흐르고 또 흘러가더니
눈이 침침 코가 멍멍 목도 컬컬
마음은 영혼 되어 하늘나라 떠도는데

어허라 부어라 막걸리나 한잔하자

촛불처럼

조용히 사라지리라
소리 없이 사라지리라

이 풍진세상을 자연에 묻어두고
말없이 사라지리라

모닥불 마지막 숯검정이 되어도
소리 없이 사라지리라

호롱불 심지 올려 태우는 심정
차라리 조용히 사라지리라

촛불처럼 밝혀주고 촛농과 함께
조용히 사라 지리라

견자犬子

발품 팔아 다니면서
해진 신발 만 켤레
고생 고생 모은 돈을
제 것인 양 탐하니
세상에 이런者들을
날강도라 하더라

선한 국민 눈 감기고
입과 코를 틀어막아
口述로 꾀어서
남의 돈 뜯어가니
세상에 몹쓸 인간들
천하의 犬子 로다

암행차

암행 순찰 교통 차
불법 운전 노린다
벌금 뺏을 혈안 되어
사방 팔방 누빈다
교통법 미명을 세워
벌금 폭탄 웬 말인가?

운전자가 봉이다
잘 보고 운전하자
범칙금 받아 들면
마음까지 괴롭단다
눈여겨 잘 살펴보고
교통법규 준수하자.

세금 폭탄

돈 준다
G랄 할 때
그때 벌써 알아봤지

사람 먼저
미명 아래
일반 차로 50킬로

줬던 돈
모두 빼앗아
들여야 할 테니까!

상생

구름은 바람 타고
하늘에서 노닐고
산새는 숲을 따라
산에서 노닐며
피리는 수초를 따라
냇물에서 노닌다

잉어는 물결타고
강물에서 노닐고
인어는 파도 타고
바다에서 노니니
시인은 詩句를 따라
꿈속에서 노닌다.

三題 1 (幸福)

희망　　　　　?

소원　　　　　!

행복　　　　　.

아름다운 꿈

소주잔
비우니
마음은 평화롭고

찻잔을
마시니
마음은 행복해

두 잔을
모두 비우니
아름다운 꿈속이야

잔 속의 달과 님

술잔 속에
춤추는
밝고도 둥근달

찻잔 속에
피어오른
어여쁜 님의 얼굴

달, 님이
어우러지는
아름다운 사랑이여

나의 별(自星)

하늘이 열리고(開天)

땅이 솟아나니(地上)

우주 속에 반짝이는(宇宙光)

저 별은 누구의 별인가(誰星)?

한 자리에 맴도는(座回)

북극성이 나의 별(自星).

三題 2 (사랑)

(사람) : 삶 ?

(친구) : 우정 !

(가족) : 사랑 .

님 오시는 길

오색 찬란
단풍잎
낙엽 되어 흩날리고

찬이슬
하얀 서리
아름답게 수놓은

눈꽃길
아름다운 길
님이 밟고 오는 길

금두꺼비 1

어디서
오셔서
어디로 가시나

千 壽를
누린다는
八 壽 지고 왔구나

萬福이
들어오시네
금두꺼비 오시네

등나무 꽃藤木花

기둥을 우측으로
휘감고 올라가서
푸른 잎 자랑하는
싱그러운 그늘이요
향긋한 꽃 내음새가
사방으로 넘친다

계절의 여왕이란
5월에 접어들어
보랏빛 아름다운
등나무 꽃 활짝 피니
재스민 향기보다도
藤木花가 더욱 좋아

사람 마음 알 수 없네

알 수 없네
알 수 없어
사람 마음 알 수 없네

열 길 물속
알 수 있으되
한길 人心 모른다는 속담

성인님
옛날 말씀이
이렇게도 맞을 수가

우주속에 별 넷

한없이 넓고 어두운 우주 공간에
삼 점이 흘러 빛을 내려 비치나니

한 점은 반짝이며 빛나는 별이요
두 점은 포근하게 비추는 달이요
세 점은 낮을 만드는 해로구나

만물 생존 근원이 된 해와 달과 별이
우주를 영원히 지키며 빛나노니

한 점을 추가하는 조그만 지구에서
생물은 싹터서 아름다운 꽃을 피우고
인간은 숨을 쉬면서 꼼지락꼼지락

상사화

잎 없이
꽃이 피니
얼마나 외로운가

꽃 지고
잎이 나니
얼마나 그리운가

외롭고
그리워져서
상사화가 되었나

그때 그 소녀

부산의 수정동 언덕배기 골목길
친구 집을 오가며 한두 번 만났던
까만 교복 하얀 칼라 함박웃음 머금던

앳된 여중 졸업반 그 이름 "서○○"
지금은 그 소녀 얼굴 모습 아련하고
이름과 기억만 또렷할 뿐이다

졸업반 앙케트에 장식한 소녀의 글
"벼는 익을수록 고개를 숙인다"
자꾸만 생각난다 그 시절 기억이

57년이 지난 세월의 뒤안길에서
지금도 생각난다 함박웃음 소녀가
지금은 은빛 모자 할머니가 되어 있겠지.

쌍초롱

님 오시는
밤길에
쌍초롱 밝혀두고

발자국
소리 나면
님 마중 달려나가

오시는
발자국마다
등불 밝혀 드리리다

금두꺼비 2

쏟아지든 빗줄기가 잠시 멈추고
이슬비가 소롯이 내리는 아침
어디서 나왔는가
금두꺼비

연신 한 입 머금어 목을 씰룩이고
눈을 껌벅이며
무슨 말을 하는구나
금두꺼비

말하는 너의 뜻을 알아주는 내 마음
반갑다고 씰룩이며
뚜벅뚜벅 대문을 들어오나
금두꺼비

여주

고추도
아니고
가지도 아니면서

울타리에
주렁주렁
오이처럼 달렸네

울퉁불퉁
못생겼어도
혈당저하 최고란다

세월

하늘이 높고 맑아 구름이 조용하고
높은 산이 푸르러 오색단풍 물드네

강물이 굽이치며 쉼 없이 달려가고
바다가 넓고 깊어 파도가 잔잔하네

푸른 초원 들판은 아직도 싱싱하고
새하얀 설원은 눈부시기만 하는데

세월은 흘러서 청춘은 지나가고
주름살과 백발만이 얼굴을 수놓네

불사조가 되고 싶다

찬란한
하늘에서
무지개가 되고 싶다

신선이
노니는
천상의 품속에서

평화롭게
날아 다니는
불사조가 되고 싶다

4부 나이를 인식하다

1. 어린이날
2. 제기차기
3. 연 날리기
4. 썰매 타기
5. 잔디 미끄럼
6. 구슬치기
7. 팽이치기
8. 옛날 다트
9. 딱지치기
10. 비석치기
11. 땅따먹기
12. 신 따먹기
13. 장대 걸음

어린이날

신록의 계절인
5월이 돌아왔다
오늘이 입하요
어린이날이로다
소중한 대한 어린이
우리나라 보배로다

저 푸른 하늘 아래
언덕배기 산봉우리
칠색 찬란 아름다운
무지개 춤춘다
어린이 손에 손잡고
무지개 따러 가자.

제기차기

동무들아 나오너라 제기차기 하자꾸나
한 발은 고정하고 외발로 제기차기
한 발은 움직이며 외발로 제기차기
한 발로 걸으면서 외발로 제기차기

한자리서 양발로 제기차기 하고 나서
걸으면서 양발로 제기차기 하는구나
하나 둘 셋 넷 많이 차기 내기할까
하나 둘 셋 넷 오래 차기 내기할까

두 사람이 한 패 되어 제기차기 하자꾸나
네가 한번 차고 나서 나에게 토스하면
내가 받아 한번 차고 너에게 토스한다
협동정신 발휘하며 재미있게 제기차기

연 날리기

동무들아 나오너라 연 날리러 가자꾸나
오늘은 추석날 팔월 하고도 한가위
때때옷 갈아입고 연 날리러 가자꾸나

방패연과 가오리연 까딱까딱 춤을 추네
방패연이 좌로 우로 흔들면서 인사하니
가오리연도 따라서 좌우로 인사하네

연아 연아 올라라 하늘 높이 올라라
연아 연아 날아라 멀리멀리 날아라
높고 멀리 날아라 하늘 끝까지 날아라

썰매 타기

겨울이면 썰매 타기 얼음썰매 눈썰매
냇물에서 얼음썰매 논에서 얼음썰매
눈이 쌓인 언덕배기 비탈길 눈썰매
얼음썰매 눈썰매 겨울이면 썰매 타기

귀한 철사 구해서 나무판자 바닥에
지지대 바닥에 꼬부려서 못질하여
썰매가 완성되면 옆구리에 끼고서
손을 호호 불면서 논으로 달려간다

걸터앉아 썰매 타면 나가지 않아
쪼그려 앉아서 쌔앵쌩 달리다가
얼음 위에 미끄러져 내동댕이 쳐지면
양반다리 꼬고서 안전하게 썰매 타자

잔디 미끄럼

아침해가 솟았다 잔디 미끄럼 타러 가자
푸른 삐삐 뽑아먹고 운기조식하고서
언덕위 잔디 비탈길 미끄럼 타자꾸나

언덕위 잔디 비탈길 미끄럼 타자꾸나
솔가지 꺾어다 잔디 바닥에 놓고서
비료포 올려놓고서 엉덩이에 깔고 앉아

씽씽 미끄러져 내려오는 잔디 미끄럼
잔디 미끄럼 타기보다 재밌는 게 있을까
속도감 매료되어서 상쾌하고 즐겁다

구슬치기

민주화 성금 내고
선물 받은 유리구슬
형형색색 오색찬란
아름다운 유리구슬
유리에 무지개 꽃의
꽃무늬를 넣은 구슬

구슬 튕겨 맞추기에
굴려서 구멍 넣기
+자형 구멍에
넣으면서 왔다 갔다
한 바퀴 돌고 돌아서
먼저 오면 승자다

팽이치기

오색찬란
아름답게
둥글게 돌아가는

뱅글뱅글
돌아가는
잘도 도는 팽이

한나절
돌다가 보면
땀방울이 조롱조롱

옛날 다트

옛날식 다트에 재미가 소올 솔
점수판 과녁에 화살을 던져 꽂아
점수를 계산하는 궁도 같은 놀이

과녁은 궁도와 같은 둥근 점수판
화살은 젓가락 한쪽 끝에 바늘을 꽂고
반대편에 십자 모양 종이 날개 꼽는다

과녁은 점수판으로 만들어 붙이고
화살을 과녁에 던져서 맞추고
세 번 던져 점수 합산으로 승부 가린다

던지는 재미에 맞추는 즐거움
머리를 맞대고 점수 계산하고 나니
하루해는 저물고 짜릿함을 느낀다

딱지치기

두꺼운 종이로
밟아서 만든 딱지
힘껏 밟아라
넘어가지 않게
양손에 딱지를 쥐고
골목으로 달려간다

딱딱 딱 매우 쳐라
뒤집어 넘어지게
두꺼운 딱지는
몸통을 매우 치고
얄팍한 마른 딱지는
옆구리를 매우 쳐라.

비석치기

여자아이 남자아이 모두 모두 모여라
비석 치기 비석 놀이 재미있게 하자꾸나
비석을 세워라 비석을 넘어 뜨려라

넘어지지 않게 단단히 세워라 비석을
거리를 조정해서 힘 있게 던져라
넘어지고 말았다 단단히 세운 비석이

등허리에 차돌을 얹어서 비석을 넘기고
좌우 어깨 위에 얹어서 비석을 넘기고
목덜미에 차돌을 얹어서 비석을 넘기자

머리 위에 차돌을 얹어서 비석을 넘기고
콧등 위 눈을 가려 얹어서 비석을 넘기고
턱으로 차돌을 끼워가서 비석을 넘긴다

땅따먹기

이쪽 끝 한 뼘 돌려 내 땅으로 만들고
반대쪽 끝 한 뼘 돌려 네 땅으로 만들어
가위바위보 이긴자가 먼저 시작하기다

얇은 돌을 갈아라 둥글게 갈아라
둥근 돌을 땅에 놓고 튕겨라 손가락으로
세 번 튕겨 들어오면 튕긴 땅은 내 땅이다

세 번 튕겨 내 땅에 들어오지 못하면
다음은 네 차례 땅따먹기 해봐라
세 번 튕겨 돌아가면 그 땅은 네 땅이다

땅따먹기 땅따먹기 운동장 땅따먹기
마음껏 튕겨서 통쾌하게 돌아오자
내 땅 네 땅 모두가 대한민국 땅이로다

신 따먹기

동무들아 모여라
신 따먹기 놀이하자
못대가리 구부리고
낚싯줄을 끼어서
단단히 동여서 매고
신발 안에 던져라

당겨라 낚싯줄
끌어라 신발을
앞에 끌어오면
신발은 내 것이다
잃으면 하루 종일을
맨발로만 다녀라.

장대 걸음

통 대나무 다리하고
잔 대나무 발판하여
발판에 넝쿨 엮어
장대를 만들어
눈 덮인 골목길에다
발자국을 찍는다

눈 덮힌 하얀길
꼬불꼬불 돌고 돈다
세 바퀴를 돌고 나면
땀방울 송올송올
입에선 서리김 맺혀
뽀얗게 날아가네

찜뽈

울퉁불퉁
운동장
공치기 찜뽈치기

내가 친 공
홈런이다
1루 2루 뛰어라

홈인해
얻은 점수로
모두가 3점일쎄

공기놀이

손바닥
공깃돌은
높이높이 올리고

땅바닥
공깃돌은
손가락에 집고서

공깃돌
내려오면은
재빠르게 잡아라

벽치기

가위바위보
패자는 말(馬)이다
패자는 벽에 서고
나머지는 엎드려라
승자는 달려나와서
말위에 올라타라

모두가 말 탔으면
가위바위보
패자는 말(馬)이고
승자는 기수다
패자는 엎드리고서
승자는 올라타라.

기마전

운동장이 시끌벅적
함성이 요란하다
청색 백색 운동모
기마전이 한창이다
모두를 넘어뜨리고
운동모를 뺏어라

운동모를 뺏기거나
기마가 무너지면
기마전은 끝이다
모두가 힘을 내라
기마를 무너뜨리고
운동모를 뺏어라.

단체 줄넘기

여자애들 모두 모두 전부 다 모여라
운동장 넓은 곳에 줄넘기하러 가자
새끼줄을 잘라서 줄넘기하자꾸나

가위바위보 지는 사람 술래다
새끼줄을 돌려라 하나 두울 세엣 네엣
순서대로 들어오고 발맞추어 폴짝폴짝

하나 두울 세엣 네엣 순서대로 나가라
발맞추어 뛰면서 폴짝폴짝 나가라
오늘도 줄넘기 온몸운동 잘했네

혼자 줄넘기

슝슝슝슝 줄넘기 즐겁게 합니다
두발 뛰기 줄넘기 외발로 줄넘기
좌우로 발 바꾸며 외발로 줄넘기
한번 넘기 두 번 넘기 ×자로 줄넘기

한 번에 한번 넘기 슝슝슝 잘 넘어가네
발 바꾸며 외발 넘기 슝슝슝 잘 넘어가네
한 번에 두 번 넘기 쓩쓩쓩 잘 넘어간다
×자로 넘기는 걸리기만 하는구나

처음엔 한번 넘고 다음엔 두 번 넘기
슝슝슝 줄 넘어가는 가벼운 소리
쓩쓩쓩 줄 넘어가는 경쾌한 소리
줄넘기 온몸운동 경쾌하고 기분 좋아

고무줄 넘기

여자애들 모두 모두
전부 다 모여라
운동장에 나가서
고무줄 넘기 하자
고무줄 잡아보아라
내가 먼저 뛰어 볼께

노래를 불러라
폴짝폴짝 뛰어 볼께
다음은 네 차례다
내가 줄을 잡을께
노래도 따라 부르면
폴짝폴짝 뛰어 봐라.

삼치기

[1]
아이들아 모여라 삼치기 하자꾸나
둘이면 홀짝 쥐기 셋이면 삼치기
가위 바위 보 승자가 주인이다

딱지 쥐기 삼치기는 이쪽에 모이고
구슬 쥐기 삼치기는 저쪽에 모이고
병뚜껑 삼치기는 그쪽에 모여라

손안에 딱지 쥐고 가만히 있어라
너는 1에 가고 너는 2에 갔나
3은 내 패로다 주먹 펴고 살펴봐라

[2]
하나 둘 셋 하나 둘 둘이로다
네가 맞추었다 몇 개인가 세어봐라
12개 갔으니 12개 세어주마

1에 간 건 틀렸으니 주인이 챙긴다
이것은 내 것이다 털 손 대지 말아라
3이면 모두가 내 것인데 섭섭하구나

네가 많이 땄으니 이번에는 네가 선이다
어서 빨리 쥐어라 손에 가득 쥐어라
삼치기의 재미를 어디에 비기리까.

입대하는 날

1967년 10월 2일 노을이 질 무렵
눈시울 붉게 타는 어머님을 뒤로하고
삼가 면소 앞뜰에서 트럭에 승차하여
흙먼지를 마시면서 달려간 곳 합천군청

간단한 석식 후에 야간열차 몸을 싣고
새벽 같은 아침에 도착한 곳 논산훈련소
10월 3일 공휴일 하루만은 자유 휴식
10월 4일 신체검사 종합 검사 시작하다

체력측정 역기를 양손 들고 일어설 때
달리기 팀 신검자가 달려와서 부딪히니
들고 있든 역기를 무릎 위에 떨어뜨려
시큰거린 무릎 진통 6주 훈련 괴로웠지

나이를 인식하다

여태까지 지금까지 내 나이 잊고 살아
칠 학년 오반까지 나이 인식 못 하다가
칠 반에 전학 와서 새삼 나이 알게 되네

허무한 지난 세월 남은 게 하나 없고
빈손으로 왔으니 빈손으로 돌아가야
그동안 참된 삶은 행복감에 젖었노라

저 세상서 이 세상에 이 세상서 저세상에
왔다가 다시 가니 이 세상서 만난 인연
저 세상서 다시 만나 회포나 풀어보세

인생은 숫자

아앙하고 울음소리 요란하게 터뜨리며
주먹 쥐고 빈손으로 세상에 태어나서
엄마 젖 아빠 사랑 마음껏 받고 살아

놀이방 유치원 초등 중등 고등학교
대학교 상아탑 한도 없이 쌓아보고
젊음의 향기를 마음대로 뿌렸는데

장년기 와서는 현상 유지 태산이고
노년기 접어들어 추억탑 쌓아 놓고
나이가 별거냐 숫자에 불가하니

숫자의 신비가 즐겁다고 느끼면서
남은 人生 희망은 9988 234라
아름답게 즐기다 빈손으로 돌아가세

어르신의 특권

하나, 보고 싶으면 보고

둘, 듣고 싶으면 듣고

삼, 말하고 싶으면 말하고

넷, 먹고 싶으면 먹고

오, 자고 싶으면 자는것.

문명의 利器

[1]
눈이 침침 코가 멍멍 귀도 멍멍 목도 컬컬
이빨마저 흔들흔들 모든 기계 고장이라

기억도 희미하게 왔다 갔다 하지만
생각마저 왔다 갔다 헷갈리는 대글빡

이대로 할 수 없어 수리공장 찾아가서
임플란트 교체하여 맛나게 먹어보고

저대로 볼 수 없어 안경공장 찾아가서
시력 보호 시력 향상 안경을 걸어본다

[2]
멍멍한 귀를 위한 보청기 골라잡아
귀에 걸고 나서보니 세상은 밝은 세상

코로나 마스크를 귀에다 걸고 보니
문명의 利器 가 어디 따로 있더냐

귀에는 안경 써고 보청기 걸고 나서
마스크를 쓰고 보니 귀가 새삼 고생하네

살기 좋은 세상에 살맛 나는 세상에서
마음껏 누려보자 문명의 利器를

5부 귀향

1. 고향 풍경
2. 소치기
3. 소똥 거름
4. 중참
5. 워낭소리
6. 시래기
7. 부모님
8. 원두막
9. 맞 도리깨질
10. 탈곡기
11. 바느질
12. 다듬이 소리
13. 디딜방아를 밟아라

고향 풍경

청개구리 울음소리
장맛비 걷어내고
산마루에 솟아오른
찬란한 무지개
귓전에 울리어오는
매미 울음 요란하다

내 고향 앞들에는
푸른 물결 넘실대고
텃밭을 가득 메운
눈부신 감자꽃들
치자꽃 짙은 향기가
고향을 찾게 한다.

소치기

동창이 밝아온다 소 몰고 나오너라
앞들이나 뒷동산에 푸른 초원 찾아서
소꼴을 먹이러 가자 논밭 일을 잘 하게

동산에 소를 풀어 맘껏 먹게 하고
외양간에 넣어줄 싱싱한 풀을 베어
꼴망태 가득 채워서 집에 갈 준비하자

초가 굴뚝 연기가 피어나다 그치면
소고삐를 채우고 꼴망태는 어깨 메고
워낭의 소리가 나면 소를 몰고 집에 가자

소똥 거름

아이야 소 따라 거름소쿠리 가져 온나
소똥을 호미로 소쿠리에 가득 담아
앞마당 두엄더미의 높은곳에 올려라

모아 올린 소똥이 풀과 함께 썩어서
모락모락 올라오는 김이 보기 좋아라
거름이 되는 김내음 꽃보다도 향기롭네

논밭에 거름 뿌려 농토를 살찌우면
농작물이 주렁주렁 올 농사 풍년이라
농부들 풍요롭다고 풍년가를 부른다

중참

농부는 지게에 쟁기를 울러 메고
누룽이 소를 몰고 밭으로 향하면
아이는 워낭소리를 따라서 걸어간다

태양이 중천에 오기도 전인데
아낙은 새참이고 밭길로 들어서
밭 뚝에 자리를 잡아 밥그릇 챙긴다

양푼이에 나물과 보리밥 한 덩어리
고추장에 비벼서 맛 보세 비빔밥
막걸리 한 사발이면 꿀맛이 따로 없다

워낭소리

[1]

워낭소리
요란하니
누룽이 오는구나

꼴망태
메고서
찬찬히 달려오는

영아의
뒤를 따라서
뚜벅뚜벅 걸어오네

[2]

꼬리를
흔들면서
다가오는 누룽이

싱싱한
소꼴을
외양간에 풀어주니

눈망울
꿈벅 거리는
누룽이의 워낭소리

시래기

시원한 바람 타고 그네 타는 시래기
배춧잎에 무청을 짚으로 한데 엮어
처마 아래 새끼줄로 주렁주렁 매달아

오는 바람 가는 바람 시원하게 말리면
토종 음식 식재료 기본이라 하더이다

시래기 해장국에 숙취가 날아가고
시래기 선짓국에 땀을 뻘뻘 흘리고
시래기 추어탕이 입맛은 최고더라

시래기 감자탕에 쐬주 한 잔 걸치면
詩句가 어른거려 天上詩人 되더이다

부모님

높고 푸른 하늘에 새털구름 춤추고
녹음이 우거진 앞산 봉우리 운무 속에
미소 흠뻑 머금고 다가오는 임이여

산고의 진통에도 응애 소리 듣고 나서
땀 범벅 눈물범벅 활짝 웃는 웃음보다
세상에서 아름다운 표정이 있었든가

새벽닭이 울면은 부시시 일어나셔
일터로 나가시는 아버지의 뒷모습
자식 사랑 내리사랑 숭고한 모습이여

세월 흘러 머리엔 흰 눈이 내려앉고
이마에는 주름 범벅 고생하신 훈장인가
우리 어찌 부모님의 은혜를 잊을쏘냐

원두막

들판에 자리 잡은 한 칸짜리 초가지붕
높고 아담한 원두막에 네발로 기어올라
주위를 둘러서 보니 시원하기 그지없네

두둑을 잘 살펴서 익은 것만 골라라
진하고 새까만 줄무늬 수박에다
노랗게 익은 참외만 소쿠리에 담아라

수박을 갈라보니 속살이 빨갛구나
노란 참외 깎아 보니 하얗고 맛나서
먹어봐 진꿀맛이야 더위는 물렀거라

맞 도리깨질

도리깨를 두드려서 콩과 깨를 털어라
마주 서서 흥겹게 장단 맞춰 두드려라
삐거덕 삐거덕 삐걱대는 도리깨소리
도리깨질을 하다 보니 한낮이 다 되었네

털은 콩을 모아라 털은 깨를 모아라
콩을 팔아 첫째 학비 깨를 팔아 둘째 학비
이 콩 저 깨 보금이다 자식새끼 학비로다
외양간의 황소가 쌩긋하고 웃음 짓네

도리깨를 두드려서 콩과 깨를 털어라
마주 보고 흥겹게 장단 맞춰 두드려라
맞 도리깨 삐거덕 삐거덕 도리깨소리
자식 사랑 가족 사랑 이것이 사는 재미

탈곡기

탈곡기를 밟아라 신나게 돌려라
나란히 둘이 서서 발판을 밟아라
힘차게 밟아라 밟아 윙윙 소리 즐겁다

손발이 맞아야 하는 일이 잘 된다
볏단을 제때 주고 받을 때도 잘해라
볏단을 돌려가면서 깨끗하게 털어라

말끔하게 털은 짚단 뒤쪽으로 던져라
짚 풀은 긁어내고 나락만 모아라
발판서 발을 내려서 탈곡기를 멈춰라

바느질

흐릿한 등잔 불빛 그림자 뒤로하고
고개 숙여 손놀림 엄마의 바느질
오늘도 헌 양말들을 헝겊 대어 꿰매신다

펄럭이는 문풍지 사이사이 들어오는
찬바람 받으며 홀로 하시는 바느질
구멍이 없어진 양말 새 양말이 되었다

굽이굽이 그을음 퍼지는 호롱불 아래
그립고 그리운 엄마의 바느질 모습
지나간 세월의 추억 알알이 되새긴다

다듬이 소리

오색찬란 가을 단풍 한 시절 보내고
뭇사람 환호하며 즐겨 하던 풍경인데
한잎 두잎 떨어지는 낙엽 소리 애처롭다

달빛은 고요히 유리창에 맴돌고
창밖에선 요란한 귀뚜라미 우는소리
가을은 정녕코 깊어만 가는구나

고요를 깨뜨리고 들려오는 종소리
외로움을 더하여 구곡간장 녹이는
깊어가는 가을의 애처로운 다듬이 소리

디딜방아를 밟아라

디딜방아를 밟아라 힘차게 밟아라
둘이서 짝을 맞춰 디딜방아를 밟아라
쿵더쿵 쿵더쿵 디딜방아를 밟아라

밟다가 넘어질라 손잡이를 굳게 잡고
한발로 방아를 밟고 힘차게 올라서라
쿵더쿵 쿵더쿵 디딜방아를 밟아라

쌀을 빻아 쌀가루로 콩을 빻아 콩고물로
팥을 빻아 팥고물로 맛난 떡을 만들자
쿵더쿵 쿵더쿵 디딜방아를 밟아라

나뭇짐

가을 추수 끝나고 동절기 찾아오니
농사일 끝났는데 할 일이 뭐가 있나
겨우내 지켜낼 땔감 저장해야 하노니

동네 일꾼 모여서 줄줄이 떼를 지어
목차를 두드리며 노래 한 곡 하면서
농다리 건너 뛰면서 뒷산으로 오른다

낫으로 풀을 베고 갈고리로 긁어내려
차곡차곡 모아서 새끼로 동여매고
지게의 가지에 끼워 나뭇짐을 만든다

장독대

양지바른 토담 아래 도토리 키 재기
가지런히 앉아있는 반들반들 항아리
꾸준히 열성적으로 들락이는 어머니

간장 내음 된장 내음 엄마의 손맛이
가득히 빼여 있는 구수한 장독대는
가족愛 넘쳐흐르는 아름다운 맛동산

꽃 피는 봄에는 꽃향기 맞이하고
눈 내리는 혹한에는 눈꽃을 피우는
엄마의 정성스러운 마음 서린 장독대

하얀 박꽃

돌담 위
호박이
간지럽게 웃는데

초가지붕
위에는
둥근 박이 주렁주렁

환하게
웃으며 반긴
달빛 받은 하얀 박꽃

엄마의 품속

앙상한
가지 위에
눈꽃이 소박하여

꿈결처럼
밀려오는
하이얀 그리움들

애타게
그리워지는
따스한 엄마의 품

가재와 다슬기

맑은 물
졸졸졸
흘러가는 계곡물

다슬기
옹기종기
달리기 대회하고

가재는
엉금 어엉금
숨바꼭질하고 있네

소금쟁이

시냇물
속에는
버들피리 춤추고

나풀나풀
춤추는
수초 더미 위에는

소금쟁이
펄쩍 퍼얼쩍
높이뛰기 하는구나

고향의 사계

내 고향은 아름답고 평화로운 마을
새록새록 추억이 새로워지고
어린 시절 동심이 펼쳐 오르는
고향의 사계를 그리워한다

봄이면
앞산에 진달래 전시회 하고
앞뜰에는 노란 장다리 하늘 향해 웃음치는
유채꽃 싱그럽다

여름이면
뒷산에서 뻐꾸기 울음소리 정답고
팽나무 잎 속에는 매미 울음 대회
귓전에서 감돈다

가을에는
뒷산의 오색단풍 찬란하고
누렇게 익어가는 들판이 풍요롭고
햇빛 찬란한 홍시가 새들을 유혹한다

겨울에는
겨울이면 함박눈 초가지붕 덮어주고
장독대엔 소복소복 하얀 이불 포근하고
앞산에 청송은 하얀 적삼 입었다

내 고향은 아름답고 평화로운 마을
새록새록 추억이 새로워지고
어린 시절 동심이 펼쳐 오르는
고향의 사계로 마음을 보낸다

귀향[작사 30]

[1]
어린 시절 추억이 아련히 떠오르는
고향 생각 간절하여 마음을 새겨본다
텃밭에 웃음 짓는 고추 가지 풍요롭고
싱그런 오이 향기 그윽하게 퍼져 오네
밭두렁 가장자리 노란 호박꽃 미소 짓고
초가지붕 위에서는 하얀 박꽃 웃음 짓고
어머니 손맛이 담겨있는 정든 장독대
들판에는 청보리 물결이 일렁인다
가련다 가리라 고향으로 가련다

[2]
봄이면 앞산에 진달래 전시회하고
앞뜰에는 장다리 유채꽃 싱그럽다
여름이면 뒷산 뻐꾸기 소리 정다워
팽나무 숲에서 매미 울음 들려오고

가을에는 황금들판 구수한 벼 내음
앞마당엔 빨간 홍시 새들을 유혹한다
겨울에는 초가지붕 흰 눈이 소복소복
앞산에 청송은 하얀 적삼 입는다
가련다 가리라 고향으로 가련다

[3]
맑은 물 졸졸졸 한가로운 시냇물에는
가재가 숨바꼭질 다슬기는 달리기 대회
소금쟁이는 수초에서 높이뛰기 하는 곳
햇빛에 빛나는 빨간 홍시 눈이 시리다
아련한 추억이 피어나는 나의 고향땅
꿈속에서 그리던 엄마의 포근한 품속
고향을 떠나온 지 칠십 년이 흘렀으니
가리라 가련다 고향으로 가련다
꿈속 고향 가리라 고향에서 살리라

달빛 포근한 내 고향

삼가읍에서 양천을 따라 타박타박 십 리 길
학리에 접어들어
좌측의 소류지와 우측의 대장골을 지나
안골로 들어가면 실개천에 농처럼
바위가 버티고선 두메산골 농암 마을

꿈속에서 그리던 엄마의 포근한 품속 같은 내 고향
조용하고 평화로운 내 고향 산촌
아늑한 농암 마을

눈이 시리도록 맑은 아침 햇살 동산에 퍼지면
아침 이슬은 영롱한 눈빛으로 반짝반짝 빛나고
소류지 물안개 모락모락 피어올라 흩어지면
농암 못에 반짝반짝 윤슬이 빛나는
아름다운 내 고향 마을
풀벌레 산새 울음 정겨운 소리가
아직도 귓전에 쟁쟁하다

텃밭에 웃음 짓는 고추 가지 풍요롭고
싱그런 오이 향기 퍼져 나올 제
밭두렁 가장자리 누렁이 호박 영글어 가고
초가지붕 위에서는 하얀 박꽃이
소박한 미소를 머금는다

문밖 다랑이 논에 누렇게 고개 숙인
벼 이삭의 구수한 내음이 풍요롭고
흘린 땀방울 만 바가지
결실의 보람이 가슴에 벅차다

아담한 뒷뜰에 노란 장다리 함박웃음 머금고
집앞에 맑은 물 졸졸졸 한가롭게 흘러내리는
시냇물에는
가재가 숨바꼭질하면
다슬기는 달리기 대회하고
소금쟁이는 수초에서 높이뛰기 한다

순진하고 마음씨 착한 농부들의 평화로운 안식처
십여 가호 이웃은 친척보다 정이 두터운
그야말로 이웃사촌
어른 아이 할 것 없이 친구요 일가친척이다
행복한 삶의 보금자리 내 고향 산촌 농암 마을

저녁 햇살에 빛나는 빨간 홍시는 눈이 시리다
동산에 밝은 달 웃으며 솟아오르면
별빛 찬란한 아늑하고 평화로운 마을

고향을 떠나온 지 칠십 년이 흘렀으니
아련한 추억이 새록새록 잠드는 고향땅
옛 추억을 가슴에 고이 새기며
마음속 고향땅을 찾아가련다
조용히 달려간다 고향땅으로

고향에서 살련다 영원히 살련다.

시장 사람들

구포시장 장날이 3,8일에 열리네
도로변에 진열한 싱싱한 푸성귀
상추와 깻잎,쑥갓이 입맛까지 당긴다

새파란 고추가 반들반들 윤이 나고
보랏빛 가지는 막걸리 켕기는데
새파란 오이고추는 입맛까지 돋군다

장사들의 목소리가 귓전에 맴돌고
물건 사러 왔다 갔다 분주한 발걸음
활발한 시장사람들 생활상이 배여있다

구포 시장

[1]
활어 가게 앞에 서니 가물치가 진동하고
메기와 잉어는 여유롭게 유영하고
숭어는 통속에서 펄쩍 팔짝 뛰는구나

시장 입구 과일가게 없는 과일 없구나
사과 배 복숭아에 바나나와 파인애플
없는 과일 빼고는 없는 게 없어라

생선가게 앞을 가니 비린내가 솟는다
갈치와 고등어 오징어에 도다리며
가판대가 아슬아슬 무너질까 걱정된다

해물 가게 접어드니 입맛이 당겨지네
해삼 멍게 전복과 바지락에 소라까지
해물탕 고소함이 콧속에 스며온다

[2]
건어물 가게 앞에 줄을 선 마른 어물
오징어 명태 멸치와 노가리에 김 미역
쥐포도 있구나 쐬주 안주 최적이다

오가는 사람들 할배 할매 아지매
고성이 오가며 시끄럽고 북적대니
살아가는 의욕을 시장 오면 느낀다

시장에 왔으니 밥이나 먹고 가자
구수하고 뜨끈한 돼지국밥 한 그릇에
막걸리 한 사발 빠질 수가 있을쏘냐

한 손에는 푸성귀 다른 손엔 생선 비닐
양손에 받쳐 들고 귀가하기 위해서
힘차게 걸어간다 구포역 지하철로

★별이 된 퐁이★

갔습니다
떠났습니다
조용히 떠나갔습니다
반려견 퐁이가
영원히 떠나고 말았습니다.

초롱초롱 밝게 빛나던 눈동자를 뒤로하고
소파에 옆으로 드러누워
할배를 힘없이 물끄러미 쳐다보다가
힘 없이 스르르 눈을 감았습니다
숨을 거두고 말았습니다.

별이 많습니다
하늘에는 별이 많습니다
반짝이는 별들이 수없이 많습니다
하늘에 별이 하나 더 생겼습니다
우리 퐁이의 ★입니다.

아침저녁 밤중 이렇게 하루 세 번
밖에 나가 산책하고 벤치에 앉아
할배가 즐기던 담배 연기 바라보며
고개를 갸우뚱이며 바라보던 퐁이가
이젠 내 곁을 떠났습니다.

2010년 2월 26일 태어나서
그해 7월 5일 내게로 와서
비가 오나 눈이 오나 내 곁을 지켜주고
밤이면 품속에서 팔베개하고
새록새록 코골이까지 하던 퐁이.

2022년 7월 8일 16:50
반려견 퐁이는 떠났습니다
만 12년 동안 동고동락하여
너무나 행복했던 추억들을 남기고
꽃길을 따라서 하늘나라로 갔습니다.

퐁이야!
네가 가장 좋아하는 고구마 삶는다
어서 달려 나오너라 코를 씰룩거리며
이제는 네가 보이지 아니하여
이 할배의 구곡간장 다 녹는다.

별이 빛납니다
하늘에 많은 별이 반짝입니다
수많은 별들 중 가장 크고 밝고 아름답고
유난히 반짝이는 별이 보입니다
우리 퐁이의 ★입니다.

퐁이야!
네가 즐겨 뛰어놀던 분수대 공원에서
해당화 향기를 코 끝으로 맡으며
재회하는 날까지 부디 부디 행복해다오
★이 된 우리 퐁이야.

구포의 만세거리

일천구백일십구년 삼월 이십구일
일제의 치하에서 핍박받은 국민들
자유와 독립을 목메어 외친 거리

국권을 찾기 위해 태극기 흔들며
애국가를 부르며 만세를 외치던
대한의 백의민족 선열들의 목소리

선열들의 만세 소리가 아직도 귓가에
쟁쟁하게 들려오는 구포의 만세 거리
만세운동 이어받아 자유 평화 지키자

부 록

사진으로 보는
박우영 시인의 일대기

(1953년 가을) (1959년 추석 기념)

(4291년 7월 부친:우남공원)

(1971년 모친 생신 기념)

(1960년 5월 수학여행)

(석굴암) (안압지)

(1961년 4월 중학교 봄소풍: 범어사)

(1966년 김명곤 친구)

(1964년 4월 식목일) (1965년 5월 범어사) (1967년 3월 七泉)

(1968년 휴가 대구) (1971년 2월 20일 졸업 기념)

(1968년 4월 사격지휘소 앞) (1968년 7월 대대 사격지휘소)

(1972년4월 24일 결혼식과 우인들)

1978(마산 돌섬) (1978년 작곡) (1979년2월 우수사원)

(1980년 설날 아침) (1983년 석굴암에서) (1988 11월 천왕봉)

(1991년 천왕봉2)(1992.10 posco종합준공) (1993년 섬진강유원지)

(1994년 체육대회) (1995년 백운산) (1996년 칠갑산)

(1994년 입학 30주년 모교방문) (1997년 냉연 조직활성화)

(1996년 백운산 수련관) (1997년 천관산)

(1998년 3월 제주도)(1999년 송광사 가는길) (2000년 9월 송광사)

(2000년 9월 노래방에서) (2001년 5월 늘푸른회 울릉도)

(2002년11월 첫째 윤경 결혼식) (2009년 5월 둘째 정주 결혼식)

(1976년 냉연 연수단: 김포공항) (1976년 3월 오지리 TCM운전실)

(1976년4월YANK사부님댁) (1976년 린쯔공원) (1976년 6월 고펜하겐)

(1976년 에펠탑)　(1976년 몽마르트언덕) (1976년 노트르담사원)

(1976년 일본 독신료)　(1976년7월 나고야성)(1976년 오지리 연수증)

(1976년 일본 연수증) (1986년스웨덴 돔나르베트와 발간 신문)

(1986년 스웨덴 목마 공장)　　(1986년 스웨덴 목마역)

(1986년 TCM 합리화 서독, 스웨덴 연수중 파리에서)

(1989년 5월 posco우수사원 동남아 7개국 관광중: 홍콩, 대만, 파타야)

(1989년 태국 방콕) (1989년 홍콩) (2002년 냉연 30주년기념)

(1995년 4월 포철인 수상) (포철인 상패: 순금 62돈)

(1995년 10월 유럽7개국 순방 : 콜로세움, 에펠탑, 개선문)

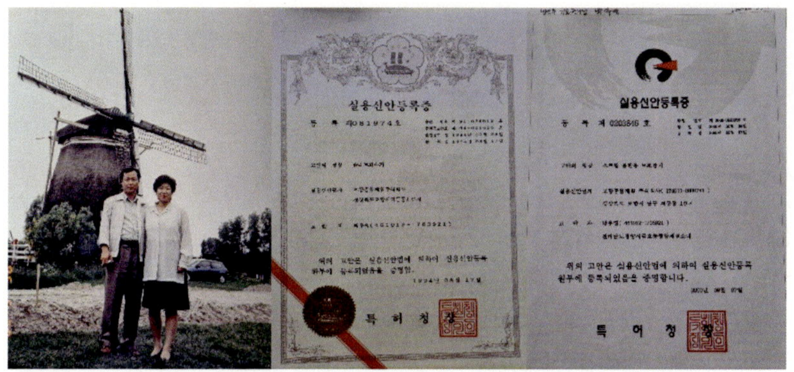

(1995년 네델란드 풍차)　　　(특허: 1994년 및 2000년)

(1995년 몽블랑)　　(1995년 기성 보임 및 메달: 순금 30돈)

(1999년 동부제강 조업지도)(2007년 중국본계강철,조업지도 감사패)

(2001년 제네바 국제 발명 전시회참관& (2004년 광우파카 워크샵)
몽블랑 가는길)

(2021년 POSCO명예의전당 준공 및 헌액자) (헌액자 : 박우영)

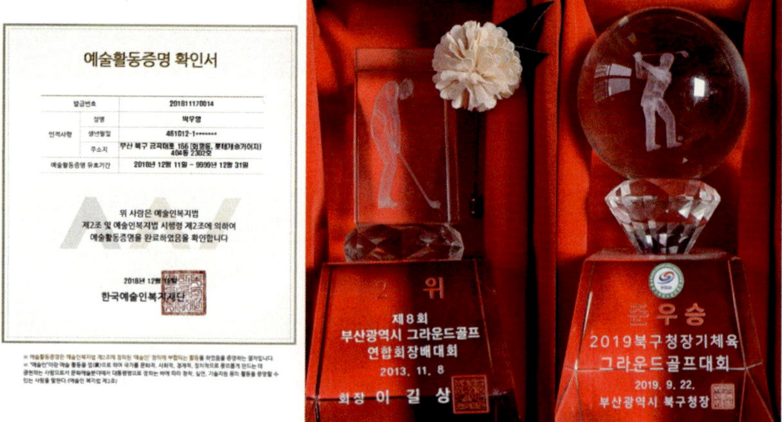

예술활동증명 확인서

발급번호		201811170014
인적사항	성명	박우영
	생년월일	461012-1*******
	주소지	부산 북구 금곡대로 166 (화명동, 롯데캐슬카이저) 404동 2302호
예술활동증명 유효기간		2018년 12월 11일 ~ 9999년 12월 31일

위 사람은 예술인복지법
제2조 및 예술인복지법 시행령 제2조에 의하여
예술활동증명을 완료하였음을 확인합니다

2018년 12월
한국예술인복지재단

(2018년 예술활동증명서)(그라운드골프대회 부산시&북구 대회 수상)

(빈여백동인 문학상) (풀잎 문학상) (북한강 문학상)

(2020년 월간시사문단 연재시인)(반려견:퐁이)(2022년 七泉 복원집)

(2018년 8월 대마도에서 수남아이들) (2022년 6월 해운대에서 五泉)

제7집(시 · 시조)

귀 향

값 18,000원

2022년 10월 7일 인쇄
2022년 10월 12일 발행

저 자 : 박 우 영
발행인 : 박 중 열
발행처 : 다솜출판사
인쇄처 : 효성문화사

등록번호 : 1994년 4월 22일 제325-2001-000001호
부산광역시 중구 대청로 135번길 10-1
TEL : (051)462-7207/8 FAX : (051)465-0646

ISBN 978-89-5562-726-8 03810